LETTRES

A L'AUTEUR

DES

CONSIDÉRATIONS

SUR

L'OUVERTURE DE L'ESCAUT.

Par le Quaker de Lillo.

A BERGEN-OP-ZOOM,

De l'Imprimerie du *Courier de l'Escaut.*

M. DCC. LXXXV.

LETTRES

A L'AUTEUR

DES CONSIDÉRATIONS

SUR

L'OUVERTURE DE L'ESCAUT.

LETTRE PREMIERE.

MONSIEUR,

JE suis Hollandois & Quaker; c'eſt à ces deux titres ſeuls que j'oſe élever ma foible voix pour juſtifier ma patrie de vos outrages. Je n'ai point d'autre motif que l'amour du vrai & de mes concitoyens. Je paroîtrai peut-être téméraire d'entrer en lice avec un adver

A 2

faire tel que vous. La réputation que vous ont acquife votre éloquence & vos lumieres eft juftement fondée ; je ne fuis point Jurifconfulte, j'ai peu d'ufage de l'art d'écrire ; mais je vous parlerai le langage de la raifon.

Je ne décide point entre Geneve & Rome, a dit un grand Poëte de votre nation.

Ce vers, en fait de politique, renferme un principe d'une jufteffe peu commune, & devroit fervir de regle à tout Écrivain qui, n'ayant par lui-même aucun titre, n'a point le droit de prononcer ; il doit fe contenter d'expofer les faits, c'eft à la voix générale des peuples à juger les Rois ; un hiftorien fenfé doit fur-tout éviter d'élever l'une des parties au détriment de l'autre.

C'eft d'après ce principe, Monfieur, que je veux mettre le public en état de juger du fort & du foible de vos raifonnemens. Je ferai jufte, vous en conviendrez vous-même.

Vous avez cru devoir prendre le

parti de Sa Majefté Impériale. Je n'exa-
minerai point quels ont été vos motifs ;
il me paroît feulement que dans l'état
actuel des chofes , & d'après le ton que
vous avez pris , un François prudent auroit mieux fait de fe taire , ou au moins
ne devoit pas fe nommer.

Je prends en main la caufe de ma patrie ; mais je croirois la déshonorer ou
me déshonorer moi-même , fi , pour donner plus de poids à mes raifons , je cher-
chois à rabaiffer fon augufte adverfaire.

Vous avez voulu traiter cet objet en
Orateur ; par-là , Monfieur , vous avez
en effet réuffi à faire une impreffion mo-
mentanée fur les efprits ; mais vous avez
plus écouté votre imagination que la
juftice (pardonnez-moi cette expreffion).
Vous avez fait un mémoire éloquent ;
mais des Annales politiques font du reffort de l'Hiftoire , & l'Hiftoire n'eft belle
qu'autant qu'elle eft dépouillée d'orne-
mens étrangers.

Vous vous annoncez , Monfieur ,
comme un Philofophe impartial qui, ne te-

A 3

nant par lui-même à aucune faction, n'aime, ne cherche que la vérité, même après en avoir été la victime.

Je plains fincérement vos malheurs, & je les plains avec tous ceux qui favent apprécier le mérite; mais ce n'étoit ni le temps ni le lieu de les rappeller. Ces malheurs-mêmes vous ôtoient le droit de décider dans cette caufe, parce qu'on fera fondé à préfumer que le reffentiment vous a fervi à découvrir la vérité que vous prétendez annoncer. Je vous eftime affez pour croire que ce reffentiment de vos maux n'a influé en rien fur votre raifon; mais le cœur humain eft foible, & quand le vôtre feroit entiérement dégagé de paffions, les efprits juftes qui vous entendront parler avec tant de feu contre votre patrie, dont on fait que vous avez fujet de vous plaindre, feront en droit de penfer que vous avez autant facrifié à la vengeance qu'à la raifon.

Au refte, comme vous le dites fort bien, Monfieur, c'eft d'après les preuves que vous apportez, qu'on pourra con-

noître fi vous avez fuivi ou non l'exacte
vérité. Permettez-moi d'en examiner
quelques-unes avec vous, de voir fi vous
avez en effet faifi dans tous fes points
le véritable état du différent élevé entre la République & Sa Majefté Impériale.

Je conviendrai de bonne-foi des torts
de ma patrie quand je la trouverai cou-
pable, parce que la vérité eft au-deffus
du patriotifme, & mon refpect pour les
Etats-Généraux ne m'impofe pas l'obligation de les flatter.

Je combattrai les projets de Jofeph II
dans tous les fens où ils me paroîtront
peu juftes : Jofeph II eft trop au-deffus
des Princes ordinaires pour s'offenfer qu'on
lui faffe d'utiles repréfentations.

Je pofe d'abord un principe général
qui me fervira de regle pour déduire les
conféquences des faits que j'aurai établis.

*Le premier devoir des Rois ou des Ma-
giftrats* (n'importe quelle foit la forme
du gouvernement), *le premier devoir des
Chefs eft le bonheur des peuples confiés à
leurs foins.* A 4

En lifant cet axiome que dictent à la fois l'intérêt des Princes, la raifon & la nature, vous devez juger, Monfieur, de l'efprit qui doit régner dans cette courte differtation & connoître d'avance que le réfultat n'en différera gueres du vôtre. Auffi, à peu de chofe près, d'accord avec vous fur certains points de la queftion, n'ai-je à vous reprocher que la maniére dont vous l'avez fait envifager : je ne veux que rapporter à leur jufte valeur les mots d'injuftice & d'oppreffion dont vous avez fait un ufage fi gratuit.

L'Empereur en qualité de pere de fes fujets fe croit fans doute fondé dans fes réclamations; les Etats-généraux, comme défenfeurs des droits de leurs provinces, ont oppofé & dû en effet oppofer une jufte fermeté dans la difcuffion d'objets fi importans ; mais l'un & l'autre parti s'eft trompé également dans les moyens employés jufqu'ici pour foutenir des droits réciproques; voilà mon fentiment fur cette affaire, & je le déduirai des faits que je vais établir dans mes premieres Lettres.

Je traiterai en peu de mots dans ma derniere des raifons qui pourroient juftifier la France, fi elle embraffoit le parti de la Hollande.

Les prétentions de l'Empereur roulent fur trois objets principaux : *fes droits fur Maeftricht, la liberté du commerce aux Indes, l'ouverture de l'Efcaut.* Je m'arrêterai peu fur le premier point.

A ne confulter que le fait tel qu'il fe lit dans tous les Hiftoriens, je ferois décidé à condamner ma patrie. Elle appelle l'Efpagne à fon fecours, lui promet pour l'y engager de lui céder la ville de Maeftricht, fi elle n'eft pas obligée de la laiffer à la France. Les fecours lui font donnés, la Hollande eft délivrée de fes oppreffeurs, Maeftricht lui refte. Elle doit donc remettre cette place aux Efpagnols, elle ne l'a pas fait. Avoit-elle quelque raifon légitime de s'en difpenfer?

Le fait eft clair, & il feroit très-difficile de difculper la République de ce manque de bonne-foi. Je ne fuis point affez inftruit des détails de cette affaire pour l'entreprendre, mais je ne crois cependant pas qu'on puiffe la condamner abfolument fur ce fimple expofé.

Comment les Efpagnols ont-ils pu faire une paix définitive fans avoir raifon d'un point de cette importance? La Hollande en concluant avec la France le traité de Nimègue ne s'étoit-elle point obligée par quelqu'article fecret de ne pas fe deffaifir de cette place? Louis XIV qui donnoit la loi auroit-il fouffert qu'on récompensât l'Efpagne d'avoir mis obftacle à fes projets ambitieux? Le filence du Gouvernement des Pays-Bas ne donne-t-il point à entendre que quelque raifon cachée s'oppofoit à cette ceffion? Enfin, dans la révolution qui mit fur le Trône Catholique un Prince de la Maifon de Bourbon, les Hollandois, en confervant les Provinces Belgiques à la Maifon d'Autriche, ne s'étoient-ils pas acquittés de ce qu'ils lui devoient?

. Je fais bien qu'en fait de politique on

n'écoute gueres les loix de la reconnoif-
fance ; je dirai même que cette voix y
eſt entiérement inconnue. Si les Eſpagnols ont ſecouru les Hollandois, c'eſt
qu'ils ſentoient bien que Louis XIV,
maître des places fortes de la République, le feroit bientôt de la Flandre &
du Brabant, ſur leſquels il réclamoit les
droits de ſa femme ; ſi les Hollandois
ont conſervé ces Provinces à l'Autriche , c'eſt qu'ils ont toujours redouté
d'avoir les François pour voiſins.

Mais à regarder la choſe en elle-
même, une promeſſe téméraire oblige-
t-elle celui qui l'a faite ? Quand les Hollandois ſe font engagés de livrer Mae-
ſtricht, quelle étoit leur poſition ? L'ennemi étoit au centre de leurs Provinces
& la République touchoit à ſa perte.
Ce fut le déſeſpoir qui fit faire à nos ancêtres des avances ſi contraires à leurs
intérêts, & qui mettoient entre les mains
des Eſpagnols la clef de leurs Etats, entre les mains de ces mêmes Princes ja-
dis leurs maîtres & dont le reſſentiment

étoit encore dans toute fa force, puifque trente ans auparavant ils ne les reconnoiffoient pas encore comme indépendans. Ces confidérations politiques ne devoient-elles pas porter les Hollandois à réfléchir plus mûrement fur un engagement infenfé ?

La nation entiere avoit-elle contracté cet engagement ? Vous accorderez au moins qu'elle avoit le droit de le rompre, fi les Etats-Généraux feuls s'étoient avancés jufqu'à ce point.

L'homme porte en lui le droit naturel de réclamer contre une obligation arrachée par la force ou produite dans un inftant de frénéfie; les nations n'auroient-elles pas le même droit? François Premier, ce Roi de France qu'un fujet rebelle fit prifonnier d'un Roi Efpagnol, tint-il tout ce qu'il avoit promis pour fe délivrer d'une dure captivité ? A-t-il été blâmé d'avoir manqué à fa parole? Non, parce qu'un Roi, quelque foit fon pouvoir, n'a pas le droit de difpofer de fes peuples à fon gré, parce qu'il eft

l'ufufruitier & non le propriétaire des
Provinces , parce qu'il eft le chef & non
le maître des citoyens , & , fans recourir
à ces exemples éloignés, Jofeph II n'a-t-
il point anéanti de fon autorité privée le
traité des Barrieres par cela feul qu'il
lui fembloit trop onéreux ? Dans l'ordre
de la juftice, le fort de Maeftricht ne
devroit dépendre ni des Hollandois ni
des Autrichiens. Puifque ces deux peuples fe difputent le droit de gouverner
cette ville, au lieu de la ruiner foit en
l'attaquant, foit en la défendant, ne de-
vroit-on pas plutôt lui laiffer la liberté de
choifir celui des deux protecteurs qui lui
conviendra le plus ? Sa décifion formeroit
alors le droit le plus légitime.

Ce n'eft pas que je prétende, comme je l'ai déja infinué, que les droits
politiques de l'Empereur ne font pas fon-
dés ; je penfe même qu'au tribunal de la
raifon, il nous feroit difficile d'éluder un
engagement auffi formel ; mais les réflexions
que je vous ai préfentées, Monfieur, doivent fuffire à tout homme impartial pour

lui faire voir que nous ne méritons pas
les titres de violateurs de fermens, ou
d'ingrats. La queftion eft fufceptible de
difcuffion, & la République en ne fe
refufant point aux conférences qu'avoit
propofées Jofeph II, & offrant de difcuter tous les points de fes demandes, a
fait jufqu'ici tout ce qu'elle devoit à cet
égard.

Vous m'objecterez fans doute : fi l'Efpagne n'a pas réclamé Maeftricht dans
le temps, c'eft que fa pofition fâcheufe,
l'embarras où l'avoient mis tant d'ennemis jaloux de fon antique puiffance ne le
lui permettoient pas, & les Hollandois
ont profité de fa foibleffe. Je répondrai:
fi les Hollandois ont abandonné les villes
de la Barriere fans réclamation, c'eft que
leur pofition fâcheufe ne le permettoit
pas, & l'Empereur a profité de leur foibleffe. Il y a des torts des deux côtés:
la faute de l'un n'excufe pas, il eft vrai,
celle de l'autre. Mais la Hollande en
tenant fa promeffe fe feroit pour ainfi
dire déchiré les entrailles, & l'Empe-

reur n'avoit certainement pas un intérêt auffi puiffant pour rompre un traité folemnel. Je reviendrai dans la fuite fur ce traité des Barrieres. J'en ai dit affez pour mettre dans fon jour le véritable état de la queftion au fujet de Maeftricht.

J'ai l'honneur d'être,

MONSIEUR,

Votre, &c.

LETTRE II.

MONSIEUR,

JE viens maintenant à l'expofé que vous faites des Provinces-Unies & aux conclufions que vous en tirez.

La Flandre, dites - vous, offre aux yeux de l'obfervateur éclairé des canaux d'une grandeur utile, qui multiplient de toutes parts des reffources pour le commerce, des facilités pour l'agriculture ; des hôtels où se discutoient les intérêts de ces grandes associations formées pour favori-ser l'un & l'autre ; de vastes entrepôts où se rassembloient les plus célebres, les plus puissans Négocians de l'Europe, où l'in-dustrie active qui produit ne cessoit de four-nir des alimens à l'industrie spéculative qui répand les fruits de la premiere. Tous ces bâtimens se soutiennent avec gloire. Mais leur solitude indique les pertes que leurs maîtres ont souffertes. Leur conservation en constate le courage & la magnanimité. On sent par-tout que quelque grand obstacle s'oppose invinciblement sur une terre si bien disposée parmi une nation si heureusement organisée, au bien que la nature y veut faire aux hommes, au desir ardent que les hommes auroient de répondre aux vues de la nature.

Ce tableau est fidele ; mais ce n'est point la clôture de l'Escaut qui a produit ces grands changemens. Remontons, pour mieux en découvrir la source, à ces temps heureux où les Provinces Belgi-ques ont joué un si grand rôle. Elles

étoient

étoient libres alors & toutes les villes formoient plutôt une confédération fous la protection de leurs Princes qu'elles n'étoient foumifes à des maîtres. Les Flamands étoient tranquilles, tandis que les Anglois envahiſſoient la France & dépeuploient leur pays pour conquérir un Trône à un Roi qu'eux - mêmes ne voulurent plus reconnoître dans la fuite.

Philippe le Bon, arbitre du deſtin de ces deux Empires, ne demandoit pas de fubfides à fes heureux fujets. Leurs voifins, indépendamment de leurs divifions, ne connoiſſoient pas encore leurs véritables intérêts; la Grande-Bretagne étoit la tributaire de l'induſtrie des Flamands; la Nobleſſe Françoife croyoit comme aujourd'hui que le commerce déshonoroit, & le peuple plus fenfé, mais fans reffort ni vigueur, n'avoit pas encore rompu fes entraves tyranniques; l'Allemagne étoit écrafée fous le pouvoir féodal; les Flamands liés d'intérêt aux villes anféatiques n'avoient point de rivaux dans le Nord de l'Europe; ils étoient fur l'Océan

B

ce qu'étoient les Vénitiens fur la Méditerranée; la liberté du citoyen, l'œil bienfaifant du Prince leur procuroient des avantages dont malheureufement aucun peuple n'a joui depuis.

O Philippe! tu reçus de tes peuples le nom de bon. Que ce titre eft au-deffus de celui de grand & de victorieux! Quel Prince, s'il eft un peu jaloux de fa gloire, ne devroit pas l'ambitionner? Les Belges t'ont pleuré long-temps, ils te pleurent encore. Puiffent tes fucceffeurs mériter des larmes pareilles!

C'eft fous le gouvernement de ce Prince, que tous les Princes devroient prendre pour modele, qu'on peut fixer l'époque de l'opulence des Pays - Bas. Bruges, Gand tenoient alors le premier rang parmi les villes : Anvers n'avoit encore qu'un nom obfcur.

Les malheurs des Provinces Belgiques commencerent immédiatement après la mort de Philippe le Bon, fous Charles le Hardi fon fils, qui, comme le remarque un Hiftorien philofophe, vouloit que l'on fît ce qu'il commandoit fous peine de perdre la tête. Rois, Chefs auguftes, à qui le hafard ou la force a remis le foin de notre bonheur, Potentats, dont la raifon a légitimé les droits, méditez cette réflexion : Charles le Hardi fut defpote & fes fujets malheureux.

Bruges qui avoit été le centre du commerce de l'univers commença à décheoir vers l'an 1497. Remarquons que le moment de la décadence de Bruges fut l'éloignement de fes Princes & les droits de la Maifon de Bourgogne tranfportés à une Maifon étrangere ; de la même caufe tous les autres malheurs des Belges.

Les changemens arrivés dans le commerce par la communication directe que les Portugais avoient trouvée pour les Indes Orientales en doublant le Cap de Bonne-Efpérance, & la découverte de l'Amérique tranfporterent l'induftrie de Bruges à Anvers dont le port pouvoit recevoir de plus grands bâtimens. Il y fleurit pendant quelque temps. Les Flamands cependant ne commerçoient point aux Indes ; ils n'y ont jamais fait de commerce fuivi. Plus prudens peut-être que leurs rivaux , ils alloient chercher en Efpagne & en Portugal les richeffes des deux mondes , & les diftribuoient dans le refte de l'Europe. N'oublions pas cette circonftance.

Tel étoit l'état des chofes , & Anvers quoique floriffant n'avoit pas cet éclat dont Bruges avoit joui dans des temps plus heureux , lorfque le fombre & farouche Philippe qui , du fonds de fon palais , croyoit pouvoir traiter les généreux habitans des Pays-Bas comme il traitoit les imbécilles Efpagnols , amena enfin , par les innovations qu'il voulut introduire , la fameufe révolution que tous vos lecteurs ont été étonnés de vous voir condamner.

Devoit-on s'attendre à une pareille queftion dans le dix-huitieme fiecle ? Etoit-ce à vous, Monfieur, à la mettre en doute ? étoit-ce à vous à venir demander aux Hollandois *de quel droit ils fe font mis en liberté ?* Je n'agiterai point

cette matiere ; c'eſt au fond de votre
cœur que vous devez chercher la ré-
ponſe. Vous l'y trouverez gravée par la
nature elle-même , & vous rougirez ſans
doute de ne pas l'y avoir lue plutôt.

Les Hollandois ſont libres & leur indépendance eſt fondée ſur des titres auſſi
auguſtes que ceux des autres Puiſſances.
Ils ſont libres ; pour leur malheur peut-
être. (Leurs diviſions me le font craindre ,
& l'amour de l'humanité qui peut me
tromper, mais que je ne défavouerai jamais , me feroit préférer le pouvoir li-
mité d'un Prince à l'anarchie de l'état
républicain.) L'indépendance des Hollandois eſt reconnue de toutes les nations.
L'injuſtice ſeule pourroit y donner atteinte , & c'eſt un crime de la révoquer
en doute.

Les Pays-Bas coururent aux armes
pour repouſſer des loix violentes que leur
caractere ne pouvoit admettre , que leur
franchiſe ne comportoit pas. Le Brabant
& la Flandre ſe virent expoſés à toute
la barbarie de leurs tyrans ; le ſang coula

B 3

de toutes parts fur les échafauds; le commerce qui ne peut fubfifter parmi le tumulte des armes, s'enfuit dans les marais de la Hollande. Cette Province, que fa fituation mettoit plus à l'abri, vit fes cabanes de pêcheurs fe convertir en bâtimens fuperbes.

La mer étonnée fe retira pour faire place à cette foule de fugitifs qui craignoient moins fes fureurs que le defpotifme du Monarque Efpagnol. L'humeur fanguinaire du Duc d'Albe fut la perte des Pays-Bas. Anvers fubfiftoit encore & cette place fe foutint tant qu'elle fut comprife dans les villes de l'union. Elle tombe en 1585 fous les armes du Duc de Parme, & dès ce moment Anvers ne fut plus rien. Les principaux capitaliftes tranfporterent leurs fonds en Hollande, plufieurs fe retirerent à Londres; les citoyens de l'union d'Utrecht, poffeffeurs des deux rives de l'Efcaut & fecondés par les Corfaires Anglois, intercepterent tous les pavillons ennemis; Anvers perdit toute fa fplendeur avec la liberté.

Voilà, Monſieur, quelles furent les véritables cauſes de l'état déplorable où nous voyons les Pays-Bas encore plongés ; voilà comme s'opérerent ces changemens dont je gémis avec vous , & qui firent la grandeur de Londres & d'Amſterdam. Je remets à ma prochaine lettre à vous expoſer une raiſon encore plus puiſſante, la ſeule qui ait en effet perpétué la décadence de ce pays : vous l'avez ſaiſie de même ; mais nous diſcuterons ſi on en doit préciſément rejetter tout l'odieux ſur les Hollandois : je ne vous apporterai en preuve que des faits connus.

J'ai l'honneur d'être, &c.

LETTRE III.

M ONSIEUR ,

LA vraie ſource, la ſource funeſte de la ruine des Pays-Bas fut l'imprudence de leurs maîtres. C'eſt l'édit de 1599

B 4

qui défend aux habitans des Provinces-Unies de commercer déformais dans les ports d'Efpagne, & les mefures qu'on prit avec l'Angleterre pour empêcher qu'ils ne s'y introduififfent fous fon pavillon. Les auteurs de cet édit barbare auroient dû en prévoir les fuites : ils étoient aveuglés par leur haine : ils crurent qu'en ôtant à ces *marchands* qui, fuivant votre expreffion méprifante, vouloient fe faire couronner, en leur fermant la fource de leurs richeffes, on les mettroit hors d'état de continuer la guerre.

Il n'eft point d'entreprife dont l'homme ne vienne à bout, lorfqu'il la réfolue fortement ; nos marchands furent interdits de ce coup imprévu, mais n'en furent pas accablés. *Le génie mercantille* enfanta de nouveaux prodiges : leur pofition les rendoit familiers avec la mer : on leur interdifoit l'Europe, ils coururent chercher ces mêmes richeffes aux extrêmités du monde.

Par une fuite de ces événemens que l'homme ne peut comprendre, tandis que les Rois d'Efpagne perdoient des Provinces au Nord, ils gagnoient un Royaume au Midi, & le Portugal reconnoiffoit leur joug.

Ces conquérans de l'Afie n'étoient plus les hommes qui avoient vaincu fous Albuquerque : énervés par le climat, par la débauche, en horreur à tous les Peuples Indiens, ils ne purent réfifter à un ennemi fobre, infatigable, fouvent vaincu, jamais découragé & qui enleva par la force aux fujets de fes perfécuteurs des établiffemens qu'ils ne tenoient que du brigandage. Les uns & les autres étoient également injuftes envers les Indiens; mais au moins les Hollandois fe couvroient-ils d'un prétexte autorifé par la politique, celui d'affoiblir leurs ennemis.

Amfterdam s'ouvrit donc une route nouvelle, & le commerce qu'elle élevoit n'avoit plus rien de commun avec celui qui avoit porté la Flandre à un fi haut degré de fplendeur. Ce n'eft donc point aux dépends des Flamands qu'Amfterdam acquit fon opulence.

Les commencemens & les fuccès de cette entreprife porterent un tel ombrage aux Rois d'Efpagne & aux Archiducs qui régnoient en leur nom dans les Provinces reftées fous leur domination, qu'ils firent tous leurs efforts pour engager les Etats-Généraux à y renoncer pendant la treve conclue à Anvers en 1609. Je vous prie, Monfieur, de faire attention à cette demande. On propofa férieufement aux Hollandois de s'abftenir du commerce des Indes. Les Etats-Généraux s'y refuferent; mais les Efpagnols avoient cette claufe tellement à cœur, qu'on ne put les engager à ftipuler dans le traité une liberté qu'ils n'étoient dans le cas ni d'accorder ni de refufer. Il ne fut pas fait mention des Indes dans le traité de 1609.

Il étoit feulement convenu que les deux partis pourroient commercer librement tant par mer & *autres eaux* que par terre. Anvers auroit pu fe relever pendant cette treve. Elle dura douze ans. L'hiftoire ne nous apprend pas quels furent fes efforts pendant cet intervalle. L'Efcaut cependant étoit ouvert ; mais le pays étoit épuifé par la guerre ; Anvers n'avoit plus ce fentiment énergique que donne la liberté.

La treve expire en 1621 & la guerre recommence. L'Efpagne fent enfin qu'elle doit renoncer au fol efpoir de recouvrer des Provinces devenues indépendantes ; elle defire fe venger de la France qui les a foutenues : elle profite de l'ombrage que les Hollandois avoient déja conçu de la puiffance & du voifinage de cette Couronne. L'Efpagne rechercha la premiere fes anciens fujets, elle leur offrit les plus grands avantages pour les détacher de leurs alliés. Voyons en quoi confifterent ces avantages, relifons dans le traité de Munfter les articles relatifs à la queftion actuelle.

Dans l'article V. *Les Efpagnols retiendront la navigation en telle maniere qu'ils la tiennent pour le préfent ès Indes Orientales, fans fe pouvoir étendre plus avant, comme auffi les habitans de ce Pays-Bas s'abſtiendront de la fréquentation des places que les Caſtillans ont ès Indes Orientales.*

Sur quoi il y a, Monſieur, pluſieurs choſes à obſerver. La nouvelle République craignoit que les Eſpagnols, venant à s'emparer des poſſeſſions Portugaiſes, ſur leſquelles ils prétendoient avoir des droits, & devenant trop puiſſans dans ces parages, n'inquiétaſſent dans la ſuite ſes établiſſemens ; elle craignoit auſſi la concurrence des Provinces autrefois ſes alliées, & dont elle connoiſſoit d'autant plus le génie commerçant, que c'étoit à ſon école que ſes négocians s'étoient formés. Quel eſt le peuple à qui de pareils motifs n'auroient pas inſpiré de plus grandes précautions ? Mais les Caſtillans étoient encore plus jaloux des Flamands que les Hollandois mêmes ; ils avoient encore plus d'intérêt d'éloigner de leurs poſſeſſions un peuple qui juſqu'alors avoit joui de la réputation de former les plus habiles négocians de l'univers.

Ainſi ce fut la Caſtille plutôt que la

Hollande qui dicta la claufe révoltante qui termine cet article ; & quand les Hollandois feuls l'auroient dictée, pourroit-on leur faire un crime d'une pareille démarche après que quelques années auparavant on avoit voulu les forcer à un femblable renoncement ? Au refte ce que j'en dis, Monfieur, n'eft que pour les difculper du reproche injufte que vous leur faites d'avoir abufé à cet égard du droit de la victoire. Les Anglois, les Efpagnols étoient auffi intéreffés qu'eux à empêcher la Flandre de fe relever de fes pertes. La chûte des Flamands a fait autant de bien à Londres qu'à Amfterdam. Ce font les circonftances feules qui ont fait le malheur de ces Provinces. Mais les Hollandois ont-ils le droit de maintenir la barbarie de cette claufe ? Je me propofe de l'examiner avec vous dans l'ordinaire prochain.

J'ai l'honneur d'être , &c.

LETTRE IV.

Monsieur,

J'Ai promis d'examiner avec vous le jugement qu'on doit porter de la claufe fatale par laquelle on prétend exclure les habitans des Provinces Autrichiennes du commerce des Indes. Cette claufe, quels qu'en aient été les motifs, n'en eft pas moins dans le fait injufte & odieufe. Si on ne doit pas reprocher à la Hollande de l'avoir exigée, vu la facilité qu'elle trouvoit à l'obtenir, nous n'avons pas pour cela plus de droit de chercher à en perpétuer l'horreur.

Moins coupables dans les temps que les Princes foibles qui y ont adhéré, nous le deviendrions autant qu'eux en nous armant pour la défenfe d'un privilege auffi barbare que chimérique. Il ne doit point y avoir d'incertitude fur cet objet. L'exclufion des Flamands aux Indes Orientales eſt injuſte dans le fait & même dans l'interprêtation des traités.

Il eſt d'abord de droit naturel , & c'eſt une vérité que nulle ame vraiment libre ne pourra me nier , *qu'aucun Prince n'a le pouvoir d'aliéner le commerce de ſes ſujets.* Que les Rois ſoient tout-puiſſans pour le bien , j'y conſens , je le deſire ; mais il eſt d'un tyran d'employer ſon autorité pour détruire : Philippe IV ſortoit donc des limites de ſon pouvoir en dépouillant gratuitement les Pays-Bas de l'exercice de leur induſtrie?

Mais par l'eſprit du traité même , ces Belges qu'on ſacrifioit , que leurs maîtres vouloient punir ſans doute d'avoir oſé examiner leurs droits , ces Belges n'auroient pas dû être ſoumis à la clauſe que j'ai rapportée. Le but de cette clauſe étoit d'empêcher que les Eſpagnols ne devinſſent trop puiſſans aux Indes ; ce qu'on ne devoit pas craindre de la part des Flamands , dont les intérêts n'avoient rien de commun avec ceux des Caſtillans. Ils n'étoient pas ſujets de l'Eſpagne , ils l'étoient ſeulement de ſon Roi.

Et quand on m'objecteroit que, les Flamands étant foumis au même chef que les Efpagnols, ce chef pouvoit les employer comme fes autres fujets à étendre fa domination, & que c'étoit cette feule raifon qui les faifoit exclure des Indes, je répondrai que les divers traités de paix conclus depuis entre l'Efpagne & le Portugal, entre le Portugal & les Etats-Généraux rendoient cette claufe abfolument nulle & abufive.

Vous voyez, Monfieur, que la qualité de Hollandois n'eft pas une raifon pour moi de chercher à défendre des droits que nous n'avons pas. Je retorquerai même contre la République l'argument célebre qu'elle oppofa autrefois à fes adverfaires, lorfqu'on a voulu mettre à fon induftrie les entraves dont les Flamands fe font trouvés chargés.

Les Hollandois employerent le plus favant perfonnage de nos Provinces & un des plus grands hommes de fon fiecle, pour foutenir publiquement la liberté que *le droit des gens donnoit aux*

Provinces

Provinces confédérées de naviguer & de né-
gocier dans les régions éloignées , quoiqu'elles
eussent été découvertes par d'autres Puissances
qui y avoient commercé long-temps avant
l'entreprise des Hollandois , dont la navigation étoit bornée aux détroits de Gibral-
tar & du Sund avant les révolutions du
pays.

Hugues van Groot (que vous appellez
Grotius) établit invinciblement , que les
prétentions de la République étoient confor-
mes aux principes du droit des gens , & en
déclarant que les Hollandois en faisant ce
commerce de long cours n'aspiroient à aucun commandement , qu'ils aimoient la liberté d'autrui comme la leur propre , il con-
clut qu'on ne peut les empêcher de cultiver
les avantages que leur offre le droit primi-
tif & général.

Ce manifeste serviroit à nous condamner aujourd'hui , & il est probable que
nos ancêtres ne l'avoient pas oublié ,
lorsque quarante ans après cette déclaration ils agirent directement contre ces
mêmes principes. Mais comme j'ai eu

l'honneur de vous l'obferver, ils furent contraints par les circonftances de ne pas rejetter un avantage qui leur étoit offert. L'odieux de cette claufe retombe également fur les Efpagnols & les Anglois; mais Grotius nous a condamnés d'avance, fi nous perfiftons à maintenir une loi que nous n'avons plus d'intérêt de foutenir.

En fuppofant encore qu'il ne foit pas permis de porter atteinte au traité de Munfter, même dans des points manifeftement injuftes, que fignifie cette claufe prife à la lettre? Puiffe cette réflexion fervir de leçon à tous les rédacteurs de traités & leur faire voir de quelle conféquence il eft d'entrer dans les plus grands détails. Il eft feulement ftipulé dans cet article, que *les habitans des Pays-Bas s'abftiendront des places que les Caftillans poffèdent aux Indes Orientales.* Les autres nations pouvoient de même leur interdire l'accès de leurs ports; mais n'y a-t-il aux Indes que des comptoirs Européens? étoit-il défendu aux Flamands & aux Brabançons de chercher à former quelque liaifon d commerce avec les Puiſſances Aſiatiques ?

Joſeph II eſt donc fondé par la raiſon & la nature à réclamer cette liberté de commerce. Je dirai plus, en qualité de protecteur de ſes ſujets, il y eſt obligé, & s'il s'étoit borné à ce ſeul point, il eſt hors de doute que la République ne pouvoit s'y refuſer ſans s'attirer l'indignation de tous les peuples éclairés. Il n'en eſt pas de même de l'ouverture de l'Eſcaut, dont je me réſerve de vous parler dans ma prochaine lettre.

J'ai l'honneur d'être, &c.

LETTRE V.

MONSIEUR,

L'Article XIVme du traité de Munſter porte : *Les rivieres de l'Eſcaut comme auſſi les canaux de Sas, Zwyn & autres bouches de mer y aboutiſſans ſeront tenues cloſes du côté des Seigneurs Etats.*

Il n'y a point deux interprétations à donner à cette claufe ; elle eft claire & formelle. Refte à favoir fi elle fut dictée par la juftice, fi elle a été réellement obligatoire dans le temps, fi elle l'eft encore.

Il ne devroit fans doute y avoir qu'une juftice dans le monde. On en diftingue malheureufement deux : *Juftice de la nature* ; elle vient du Ciel, elle eft l'unique : *Juftice de convention ou de politique* ; elle vient des hommes, elle dérive du droit du plus fort. Les convenances & le repos de l'univers lui ont donné une forte de légitimité.

Les mers font libres du droit de la nature & de la politique, & il eft permis à tout le monde indiftinctement de braver l'horreur de fes abymes, de s'expofer follement fur l'empire des tempêtes. Cette vérité eft conftante, elle fe prouve par elle-même fans qu'il foit befoin de recourir à des raifonnemens en l'air ou de comparer ridiculement des vaiffeaux aux ballons.

Mais ce qui eſt une vérité à l'égard des mers ne l'eſt pas à l'égard des fleuves ; il devroit en être de même du droit de la nature, j'en conviens ; mais depuis que les crimes des hommes les ont forcés de ſe diviſer, depuis que des êtres en tout ſi reſſemblans ont renoncé à leur qualité primitive de citoyens de l'univers, pour ſe dire Anglois, Allemands, François, Hollandois, Eſpagnols, &c. depuis que leurs diſſentions leur ont impoſé la cruelle néceſſité d'obéir à des maîtres, depuis que le repos du monde a exigé qu'on légitimât les droits de ces maîtres, n'eſt-il pas de convention générale que les nations ou les chefs qui les repréſentent ont la ſouveraineté des eaux qui coulent dans l'intérieur de leur empire ? Et qu'entendons-nous par ce mot de ſouveraineté ? Qu'ils ont le droit injuſte dans le fonds, mais juſtifié par la néceſſité d'arrêter ou de laiſſer flotter ſur les fleuves à leur gré tout ce qui paroît leur convenir ou ne leur convenir pas ?

C'eſt un principe, Monſieur, que vous avez avancé vous-même d'une maniere plus poſitive encore, & qui tendroit à redoubler le poids des chaînes dont l'univers eſt écraſé. Vous dites :

Sans doute un Souverain dans les Etats duquel une riviere prend naiſſance, peut ſe dire en droit d'en dominer le cours juſqu'au terme où elle abandonne ſes Etats ; elle eſt alors dans le cas d'un lac ou d'un étang ; en montant ou deſcendant on ne peut que pénétrer chez lui ou en ſortir. Si par des conſidérations particulieres il veut interdire cette facilité au commerce, il ſera mauvais politique, il ſera adminiſtrateur aveugle ou injuſte envers ſes ſujets, mais il ne violera pas le droit commun des nations. Tous les hommes qui voudroient profiter de cette reſſource étant ſoumis à ſes volontés, en la leur enlevant, il fait un uſage peu éclairé mais légitime de ſa puiſſance.

Avez-vous ſenti, Monſieur, en écrivant ces mots, tout l'odieux de ſemblables principes ? Qu'entendez-vous par le droit commun des nations ? Les Princes n'ont-ils de devoirs à remplir qu'envers les étrangers? Le premier de leurs devoirs ne regardent-ils pas leurs peuples? Tout refpire dans votre phrafe le Machiavelifme & fes horreurs. Vous ne vous êtes pas apperçu, Monfieur, que vous n'êtes pas même Logicien. Expliquez-moi, je vous prie, comment un Prince fera *injufte envers fes fujets* en faifant *un ufage légitime* de fa puiffance? comment l'injuftice même eft comprife dans les droits du Souverain? La flatterie ou d'autres motifs ont pu feuls vous dicter ces expreffions. Vous êtes trop éclairé pour ne pas favoir qu'un Roi n'eft Roi que pour protéger fes peuples & non pour les fouler, & que ceux qui lui ont commis la défenfe de leur vie, de leurs biens, de leur repos, ne lui ont pas accordé le droit abfurde de les écrafer à fon gré & de les priver des avantages que leur donne la nature.

Je ne me fuis arrêté fur cette idée horrible, que j'aurois defiré de paffer fous filence pour l'honneur de la Littéture & le vôtre, que parce que je fuis obligé de faire valoir vos inconféquences.

Quoi! un Prince pourra, felon vous, Monfieur, ouvrir ou fermer à fa volonté à fes fujets la navigation des fleuves qui coulent dans fes Etats, & vous nous traiterez de tyrans, d'inhumains, parce que nous voulons interdire le paffage fur des eaux, dont nous avons la fouveraineté, à des Princes dont nous devons redouter le voifinage? Je ne veux que ce feul trait pour faire fentir au public judicieux toute la valeur de vos affertions.

Mais eft-ce à notre détracteur que je dois rendre compte de notre conduite? C'eft à l'univers que je dois m'adreffer, c'eft devant fon tribunal que je dois effayer de difcuter ces reproches affreux dont vous avez ofé nous noircir.

L'Efcaut devroit être libre par le droit général de la nature; mais il peut être fermé par le droit des gens. Reprenons l'époque du traité de Munfter.

Après une guerre de près d'un fiecle la Hollande voit enfin reconnoître fon

indépendance par ſes cruels perſécuteurs.
L'Eſpagne affoiblie de toutes parts lui
offre la paix. La République eſt laiſſée
en quelque ſorte maîtreſſe des conditions.
Tous les Hiſtoriens ſont d'accord qu'elle
n'auroit point eu de peine à ſe faire céder Anvers, ſi elle l'avoit exigé; les
Miniſtres de Philippe IV ſentoient que
cette place avoit perdu toute ſon importance depuis que les Hollandois étoient
maîtres du cours du fleuve; le Prince
d'Orange conſeilloit même aux Etats-Généraux de la demander. Mais nos ancêtres conſidérant qu'Anvers par ſa poſition
deviendroit la rivale d'Amſterdam, qu'une
ville riche & à la portée de leurs ennemis tenteroit toujours leur convoitiſe, la
laiſſerent à ſes anciens maîtres, entre les
mains deſquels elle ne pouvoit recouvrer
ſon ancienne ſplendeur.

L'article qui ſtipule la clôture de l'Eſcaut ne ſouffrit aucune difficulté. N'au-
roit-ce pas même été de notre part une
imprudence ſans exemple de laiſſer nos
états ouverts à ces Eſpagnols qui avoient

montré tant d'acharnement pour nous détruire?

Il n'eſt pas ici queſtion de calculer inſipidement à quel point *les eaux de l'Eſcaut ſont Brabançonnes ou Hollandoiſes*, il ne faut que voir que des vaiſſeaux, ſortant d'Anvers pour ſe rendre à la mer, doivent traverſer une partie de nos états; que la méfiance eſt la mere de la ſûreté, & que la ſûreté de l'empire doit être en fait de politique la premiere loi de ceux qui gouvernent.

Je ne prétends point que nous ayions à redouter quelque trahiſon de la part de Joſeph II; mais ne voit-on régner que des Princes juſtes? & dès le moment que cette liberté de l'Eſcaut peut nous expoſer à quelqu'entrepriſe hardie de la part de nos voiſins, nous ſommes autoriſés à prendre toutes les précautions que nous inſpire la prudence, & perſonne ne peut nous condamner ſur cet article. La ſouveraineté de l'Eſcaut nous appartient inconteſtablement. L'Empereur lui-même, plus juſte que vous, Monſieur, ne nous

a point difputé ce droit ; il nous a fait
fignifier que les fiens s'étendant fur le
fleuve depuis Anvers jufqu'à Saftingen,
il ne prétendoit pas que notre pavillon
dominât fur cette partie du fleuve. N'é-
toit-ce pas avouer clairement qu'il n'a-
voit aucun droit fur le refte ?

Il auroit fallu, dites-vous, Monfieur,
*que l'Impératrice de Ruffie eût fait tenter
ce paffage ; qu'euffions-nous répondu à une
Patente Efclavone fignée Catherine ? Au-
rions-nous employé contr'elle la mitraille de
Lillo ?*

Je vous parlerai une autre fois de cette
mitraille dont vous faites tant de bruit.
Mais fi fuivant vos confeils plus barba-
res que notre mitraille, il avoit paru un
vaiffeau Ruffe à l'entrée de nos états,
nous aurions eu le droit de l'empêcher
de paffer outre ; s'il avoit été armé & que
nous n'euffions pas été affez forts pour
nous y oppofer, il auroit paffé du droit
de l'injuftice ; mais nous n'aurions pas
avoué pour cela, malgré l'exemple que
vous nous en donnez, que les raifons du

plus fort fuffent les meilleures. Au refte,
l'augufte Impératrice de Toutes-les-Ruf-
fies ne compromettra point fa gloire à
accabler le foible ; elle fait que nous ne
pouvons pas à la vérité l'empêcher de
commercer avec Anvers, mais elle fait
auffi que nous pouvons nous difpenfer de
lui accorder le paffage fur notre territoire, parce que des pirates ou des con-
trebandiers pourroient abufer de fon pavillon pour défoler nos rivages ou introduire un commerce illicite.

Je crois qu'on peut conclure du peu
que je viens de dire, que la clôture
de l'Efcaut n'eft point une injuftice de
notre part, que cette clôture n'eft point
aviliffante pour l'Empereur : ce grand
Prince ne la regarde pas comme telle;
quand il nous a demandé l'ouverture de
ce fleuve, c'étoit comme une compenfa-
tion d'autres droits auxquels il s'offroit de
renoncer. La clôture de l'Efcaut n'eft
pas la feule caufe de la décadence des
Pays-Bas ; puifqu'Oftende auroit pu faire
ce qu'Anvers ne faifoit plus : un débou-

ché de moins ne détruit pas entiérement l'induſtrie ; bien plus , *ſans détourner les eaux de l'Eſcaut* , ce qui feroit véritable- ment contre le droit de la nature & des gens , on pouvoit établir pour Anvers une communication directe avec la mer. Le projet même en avoit été formé en 1698 : le gouvernement avoit réſolu de faire conſtruire un canal depuis Bruges par le pays de Waes juſqu'au fort Marie ſur l'Eſcaut.

Ce n'eſt donc point *une lettre de ca- chet ſignée des Etats-Généraux qui a mis à la Baſtille l'induſtrie Flamande* , ſuivant vo- tre puérile & ſatyrique remarque , ce ſont les circonſtances qui n'ont pas permis aux Flamands & aux Brabançons de prendre part à la grande révolution qui s'eſt faite dans le commerce il y a deux ſiecles. Mais Joſeph II a-t-il tort de vouloir ren- dre à ſes Provinces leur antique énergie ? N'eſt-il aucun moyen d'y parvenir ? Un pareil ſujet doit-il mettre les armes à la main ? J'ai avancé que l'affaire de Mae- ſtricht étoit ſuſceptible de diſcuſſions. Je

fuis convenu que nous ne pouvions ni
ne devions nous oppofer à la liberté du
commerce aux Indes ; j'ai cherché à prou-
ver que nous pouvions fans injuftice tenir fermée la navigation de l'Efcaut ; je
tâcherai dans ma premiere de développer
le refte de la queftion avec la même im-
partialité.

J'ai l'honneur d'être, &c.

LETTRE VI.

Monsieur,

LA conduite de notre République n'a
pas befoin d'autre apologie que l'expofé
du fait.

Dans le moment que nous fommes ré-
duits aux abois & par une guerre mal-
heureufe & par nos diffentions civiles,
l'Empereur fait fortir nos troupes des
forterelfes qui nous avoient été confiées
par un traité folemnel, & dont nous re-

gardions la défenfe comme la premiere bafe de notre fûreté.

J'ai déja déja dit qu'une des raifons qui engagerent les Hollandois à conclure avec l'Efpagne le traité de Munfter, étoit l'ombrage que leur caufoit la puiffance de la France trop voifine de leurs états. Ces craintes s'augmenterent en 1668 à la paix d'Aix-la-Chapelle. Le Marquis de Caftel Rodrigo, pour nous punir d'avoir conclu le traité de la triple Alliance avec l'Angleterre & la Suede au lieu de nous occuper du foin de défendre les Pays-Bas-Efpagnols, aima mieux abandonner des places qui approchoient les frontieres de la France de celles des Provinces-Unies, que de céder des poffeffions qui par leur éloignement intéreffoient peu les Etats-Généraux, & laiffoient une barriere confidérable entre la France & la Hollande. Louis XIV à cette époque fe vit maître entr'autres places de Charleroi, d'Ath, d'Oudenarde & de Furnes.

L'expérience fit voir combien étoient

fondées les inquiétudes des Hollandois.
Quatre ans après la paix d'Aix-la-
Chapelle, ce Monarque ambitieux entre
en Hollande avec cent trente mille hommes, & les Provinces de Gueldres,
d'Overiffel & d'Utrecht tomberent fous
l'effort de fes armes. Le refte de la Hollande ne dut fon falut qu'à la reffource
défefpérée d'inonder fon territoire.

Cette irruption n'étoit pas propre à
diminuer les alarmes de la République ;
mais elles furent à leur comble, lorfqu'en
1701 le Duc de Baviere, Gouverneur
général des Pays-Bas, reçut des troupes
Françoifes dans toutes les villes de fon
gouvernement en vertu du teftament du
Roi d'Efpagne. Le traité d'Utrecht put
feul nous raffurer. Il fut conclu le 11
Avril 1713. Le feptieme article dit ex-
preffément que *le Roi Très-Chrétien re-*
mettra aux États-Généraux, en faveur de
la Maifon d'Autriche, tout ce que ce Prince
ou fes alliés poffédoient encore des Pays-
Bas Efpagnols, tels que le Roi Charles II
les avoit poffédés ou dû poffédér, conformé-
ment

ment au traité de *Ryſwyck*, *pour être poſ-*
ſédés par la Maiſon d'Autriche ſuivant l'or-
dre de la ſucceſſion établi dans la même
maiſon auſſi-tôt que les Etats-Généraux ſe-
roient convenus avec elle de la maniere
dont leſdits Pays ſerviroient de barriere &
de ſûreté.

C'eſt d'après cette clauſe expreſſe que
fut enfin conclu à Anvers entre l'Empereur, l'Angleterre & les Etats-Généraux
le 15 Novembre 1715 le fameux traité
dit des Barrieres. Il eſt néceſſaire d'en
tranſcrire les articles les plus formels, &
qui feront mieux connoître l'eſprit qui
l'a dicté.

Article II. *Sa Majeſté Impériale &*
Catholique promet & s'engage qu'aucune
province, ville, place ou for25tereſſe ou ter-
ritoire deſdits Pays-Bas ne pourra être cédé,
transféré, donné ou écheoir à la Couronne
de France, ni à aucun Prince ou Princeſſe
de la Maiſon ou lignée de France, ni à
autre qui ne ſera pas ſucceſſeur, héritier
& poſſeſſeur des Etats de la Maiſon d'Au-
triche en Allemagne, ſoit par donation,

D

vente, échange, contrat de mariage, héré-
dité, succeſſion teſtamentaire ou ab inteſta-
to, *ni ſous quelqu'autre titre ou prétexte*
que ce puiſſe étre; de ſorte qu'aucune Pro-
vince, ville, place, fortereſſe ou territoire
deſdits Pays-Bas ne pourra jamais étre
ſoumis à aucun autre Prince qu'aux ſeuls
ſucceſſeurs deſdits Etats de la Maiſon d'Au-
triche, à la réſerve de ce qui a déja été
cédé au Roi de Pruſſe & de ce qui ſera cédé
par le préſent traité auxdits Seigneurs Etats-
Généraux.

Article III. *Comme la ſûreté des*
Pays-Bas-Autrichiens dépendra principale-
ment du nombre des troupes qu'on pourra
avoir dans ledit pays & dans les places
qui formeront la barriére qui a été promiſe
aux Seigneurs Etats-Généraux par la grande
alliance, Sa Majeſté Impériale & Catholi-
que & leurs Hautes Puiſſances ſont conve-
nus d'y entretenir chacun à leurs propres
frais toujours un corps de trente à trente-
cinq mille hommes, deſquels Sa Majeſté
Impériale & Catholique donnera trois cin-
quiemes & les Etats-Généraux deux cin-

quiemes, bien entendu que fi Sa Majefté Impériale & Catholique diminue fon contingent, il fera au pouvoir defdits Seigneurs Etats-Généraux de diminuer le leur à proportion; & lorfqu'il y aura apparence de guerre ou d'attaque, on augmentera ledit corps jufqu'à quarante mille hommes fuivant la même proportion, & en cas de guerre effective, on conviendra ultérieurement des forces qui fe trouveront néceffaires. La répartition defdites troupes en temps de paix, pour autant qu'elle concerne les places commifes à la garde de leurs Hautes Puiffances, fe fera par elles feules, & la répartition du refte par le Gouvernement-général des Pays-Bas, en fe donnant part réciproquement des difpofitions qu'ils auront faites.

Article IV. L'Empereur accorde aux Etats-Généraux garnifon privative dans les villes & châteaux de Namur & de Tournai dans les villes de Menin, Furnes, Wacneton, Ipres & le fort de la Knoque.

Article XIII. Les Etats-Généraux pourront fortifier les places à leurs frais, fauf

que les nouvelles fortifications ne pourront
fe faire fans en avoir donné connoiffance
préalable au Gouverneur-général des Pays-
Bas, & fans avoir entendu fon avis.

Article XVI. *Si les ennemis venoient
à entrer dans le Brabant, les Etats-Généraux pourront faire occuper par leurs troupes tous les lieux depuis l'Efcaut jufqu'à
la Meufe, & y faire des retranchemens &
inondations, pourvu que le tout fe faffe de
concert avec le Gouverneur - général des
Pays-Bas.*

Ce traité fi bien détaillé, fi formel,
fait uniquement pour les Hollandois & qui
n'a d'autre motif que de les mettre en
garde contre les tentatives de la France,
pouvoit-il fe rompre par un coup d'autorité d'une des parties contractantes? La
République dut-elle favoir bon gré à
l'Empereur d'avoir profité, pour chaffer
nos troupes de ces places, de l'inftant où
nous étions en guerre contre la feule
Puiffance garante de ce traité? J'en appelle à vos lumieres, Monfieur, avoit-on
le droit fans notre participation de ren-

verfer les fortifications des villes qui devoient nous fervir de défenfe ? Voilà ,
Monfieur , ce que vous deviez vous ob-
jeéter. Vous avez paffé ces vérités fous
filence ; vous vous êtes contenté de dire
qu'il eft indifférent pour les peuples des
Pays-Bas d'être gardés par des Suiffes ,
des Tiroliens ou des Hollandois ? La vérité cependant perce encore à travers les
nuages dont vous cherchez à la couvrir.
Vous avancez que fi nous n'avions pas
laiffé tomber les fortifications , vous auriez
été dans le cas *de demander une indemni-*
té pour la réfiliation de ce traité. Réflé-
chiffez fur nos obligations ; relifez le
traité d'Anvers ; il nous étoit permis d'a-
jouter de *nouvelles fortifications.* C'étoit
un privilege qu'on nous accordoit ; mais
nous ne nous étions pas impofé l'obligation d'entretenir les anciennes. Nous
avions le droit de fommer le Gouvernement des Pays-Bas de les tenir en bon
état. C'étoit notre affaire propre, c'é-
toient nos intérêts qui devoient nous
guider , & fi nous jugions ces dépenfes

D 3

inutiles, nous n'étions pas obligés de les faire; & quand ce feroit une négligence de notre part, le poids de cette négligence retomboit fur nous.

Nous n'avons cependant rien objecté à l'Empereur ; nous nous fommes retirés fans mot dire de ces places dont la garde nous avoit été fi folemnellement confiée. Ce facrifice de notre part a pu être forcé; mais au moins il annonçoit que nous n'avions que des intentions pacifiques.

Nous avions lieu d'efpérer de la juftice de Jofeph II que, fatisfait de notre condefcendance à fes defirs, il daigneroit lui-même fe rendre le garant de notre fûreté. Une pareille garantie étoit même plus digne de la nobleffe de fon caractere & nous eût raffurés davantage que la garde de ces places. L'Empereur auroit dû nous donner fa parole impériale que la démolition des Barrieres ne le dégageoit pas du ferment qu'il avoit fait de nous défendre ; ce qui eft le feul & vrai fens du traité d'Anvers. L'intérêt de fes Provinces & les nôtres lui impofent cette obligation.

Sa Majefté Impériale nous objectera fans doute que fes liaifons avec la France fuffifent pour bannir toutes nos craintes. Nous l'efpérons fous fon regne ; mais que deviendrons-nous fi parmi fes fucceffeurs on compte quelque Prince plus foible ?

D'après ce que j'ai dit jufqu'ici, je crois qu'il feroit difficile de faire quelque reproche fondé à la République. Je fuivrai le détail de fa conduite jufqu'au moment de la rupture.

J'ai l'honneur d'être, &c.

LETTRE VII.

MONSIEUR,

Notre expulfion des Barrieres & la démolition de toutes les places fortes, laiffant nos frontieres entiérement à découvert, nous obligerent de nous rapprocher de la France & de prendre avec cette Cour des arrangemens qui ne nous laif-

faſſent rien à craindre de ſa part. Les
ſervices qu'elle venoit de nous rendre
avoient achevé d'éteindre notre ancienne
jalouſie. Le Monarque bienfaiſant qui
venoit de délivrer les deux hémiſpheres
de l'orgueil des Anglois, nous accueillit
avec joie. Déja nous étions prêts de
conclure un traité également avantageux
pour les deux nations. C'eſt dans ce moment que l'Empereur nous fait préſenter
le tableau de 14 demandes de la derniere importance. Qu'avons-nous répondu? j'en appelle à l'univers impartial;
nous avons nommé des députés, nous
avons retiré proviſionnellement le vaiſ-
ſeau de garde de Lillo, & nous avons offert
de diſcuter les droits que Sa Majeſté ré-
clame avec tous les ménagemens qui doivent régner entre deux Puiſſances amies.
Que pouvions-nous faire de plus? De-
vions-nous ſur une ſimple ſommation renoncer légérement à de ſi grands intérêts?

Pendant que les opérations ſe conti-
nuent, l'Empereur change de batterie &

offre de renoncer lui-même à toutes fes
autres prétentions, fi nous voulons lui
accorder l'ouverture de l'Efcaut & la
liberté du commerce aux Grandes-Indes.
J'ai déja eu l'honneur de vous dire, Monfieur, que Sa Majefté n'avoit pas befoin
de permiffion pour le fecond article qui
lui eft acquis du droit de la nature & des
gens. J'ajouterai comme particulier que,
moyennant les reftrictions convenables
qu'on auroit pu mettre amiablement à
cette liberté de l'Efcaut, je crois qu'il
étoit avantageux de terminer ainfi tous
nos différens, & que cette demande de
l'Empereur eft une preuve de fa modération ; mais nous pouvions fans injuftice
refufer cet accord, & la maniere dont
il étoit propofé ne nous permettoit pas
d'y acquiefcer fur le champ fans nous
déshonorer. *Efpérant que les Provinces-*
Unies me fauront gré de ma modération,
dit Jofeph II, *je regarde cet accord com-*
me conclu dès ce moment, prévenant au
refte que je prendrai comme déclaration de
guerre toute oppofition de la part des Etats-
Généraux.

Eſt-ce ainſi qu'on doit traiter de Puiſſance à Puiſſance? eſt-ce en menaçant
qu'on parvient à un but pacifique? l'honneur de la République leur permettoit-il
d'obéir à cet ordre? Un Roi eût répondu peut-être par un refus bruſque &
abſolu; qu'ont fait les Etats-Généraux?
Pouvoient-ils agir avec plus de modération? Ils ont fait répondre à Sa Majeſté
qu'ils regardoient l'ouverture de l'Eſcaut
comme contraire à la ſûreté de la République & qu'ils ne pouvoient accorder
ce point; que ces repréſentations ne devoient pas cependant arrêter les conférences, ni empêcher qu'on s'arrangeât
amiablement pour les autres objets.

L'Empereur devoit ſavoir auſſi que
les affaires ne ſe traitent point dans une
République comme dans une Monarchie
où il n'y a qu'une ſeule tête, un ſeul intérêt, une même volonté. La Hollande
par ſa conſtitution eſt ſujette à plus de
lenteur dans ſes délibérations que toute
autre République même.

Nous ne formons pas un ſeul état;

notre empire eſt compoſé de ſept Provinces indépendantes les unes des autres,
& qui n'ont d'autres liens que la défenſe
commune. Pour décider un point auſſi
important que celui de l'ouverture de
l'Eſcaut, il faut non - ſeulement que la
pluralité des Provinces, y acquieſce,
mais toutes ſans exception; c'eſt une loi
fondamentale de l'état, & les députés
des Provinces aux Etats - Généraux ne
ſont pas les repréſentans, mais les agens
paſſifs de ces mêmes Provinces, ils ne
ſont que porteurs de leurs ordres, & leurs
délibérations ſont formées par le con-
cours des villes. C'eſt dans les villes que
réſide la ſouveraine autorité de la République. Joſeph II devoit peſer ces conſidérations; il ne doit pas ignorer quelles
ſont nos loix, & il devoit juger que
quand même les têtes les plus ſaines de
l'Etat euſſent réſolu d'acquieſcer à ſes
demandes, il leur falloit au moins un
temps conſidérable pour concilier tant
d'eſprits & de caracteres différens.

Mais bientôt on prépare à Anvers un

bâtiment qui, fous pavillon impérial, doit tenter ce paffage devenu malheureufement célebre & réfoudre d'un coup la difficulté. Depuis quelque temps le Gouvernement des Pays-Bas avoit fait annoncer ce projet. Toute l'Europe attentive prétendoit que les Hollandois n'oferoient pas arrêter ce vaiffeau. Les Etats-Généraux qui fentoient leur honneur compromis & qu'ils alloient devenir la rifée des autres nations, s'étoient vus contraints de donner des ordres rigoureux & ne s'en cachoient pas. On doutoit cependant que la prudence de l'Empereur lui permît d'en venir à l'exécution. Plufieurs fois on avoit annoncé le départ du brigantin, plufieurs fois il avoit été rétardé. Il part enfin. Les Etats - Généraux dépêchent auffi-tôt un ordre de l'arrêter fans violence. Cet ordre eft arrivé trop tard : c'eft un fait qu'on ne peut révoquer en doute. Mais fuivons la marche du vaiffeau.

Il mouille à une heure après minuit vis-à-vis le fort de Kruys-Schans. On le hêle, il ne répond rien. D'après fon

filence, on auroit pu tirer fur lui de ce
fort du droit de la difcipline militaire.
On le laiffe paffer. Un Officier de la République vient enfuite à fon bord, &
enjoint au Capitaine de faire fa déclaration aux douanes. Le Capitaine répond
qu'il a ordre de Sa Majefté Impériale de
ne reconnoître ni douane ni vaiffeau quel-
conque. Le brigantin s'avance à la portée du canon d'un cutter de la République , qui lui fait le fignal ordinaire par
un coup de canon à poudre, & lui demande quelle eft fa deftination & s'il a
fait fa déclaration. Sur la réponfe qu'il
va à la mer, qu'il ne veut point faire
de déclaration , on lui ordonne de s'arrêter ; il refufe. On lui fait connoître que
les ordres portent de ne pas le laiffer
paffer ; il s'obftine. On lui tire un boulet
dans les voiles pour lui perfuader qu'on
le contraindra de s'arrêter par force.
Après le lui avoir répété cinq ou fix
fois de fuite, comme il s'opiniâtre à ne
pas céder, le Commandant du cutter lui
fait lâcher fa bordée.

Elle fut dirigée dans les voiles; le peu de mal qu'on lui fit prouve l'intention où l'on étoit de le ménager. Il faut être auffi prévenu que vous l'êtes, Monfieur, pour traiter cette action d'inhumanité & d'injuftice. Elle l'eft fans doute dans le droit de la nature : l'homme qui s'expofe à détruire fes femblables s'affimile aux tigres, mille fois plus déteftable que ces animaux féroces qui n'ont point de fentiment de leurs cruautés. Mais en fuivant les loix horribles qu'a introduites le droit des gens, les Hollandois ne font point condamnables aux yeux de la politique. Vous étiez fans doute mal inftruit, Monfieur, lorfque vous avez avancé *qu'un boulet dans les voiles, un mouvement de la frégate embufquée, l'abord d'une fimple chaloupe l'auroient rendu immobile auffi promptement qu'une décharge meurtriere dirigée fur l'équipage.* N'avoiton pas employé ces divers moyens? & cette décharge tant reprochée n'eft meurtriere que dans votre imagination.

Mais on a tiré à mitraille. Cette mitraille n'eſt pas bien conſtatée ; d'ailleurs elle ſeroit une preuve qu'on ne cherchoit pas à endommager griévement le bâtiment , & les Hollandois ne s'imaginoient pas qu'on les forceroit de tirer. Je laiſſe d'après le ſimple expoſé du fait la queſtion à décider à des juges plus impartiaux.

Nous avons , dites-vous , multiplié nos violences , nous avons inondé , mis ſous l'eau tous les pays qui environnoient ceux de nos forts pour leſquels nous avions ou paroiſſions avoir de l'inquiétude.

Quoi, par l'article XVI du traité d'Anvers que je vous ai cité dans ma précédente , il nous eſt permis d'inonder nos environs, même le territoire de la Maiſon d'Autriche, ſi les ennemis entrent ſeulement dans le Brabant, & on nous feroit un crime d'employer cette même reſſource contre l'ennemi le plus formidable que nous puiſſions avoir , dont nous voyons les préparatifs ſous nos yeux? Ce malheureux droit de la guerre eſt ſans doute injuſte envers ceux qui en ſont les

victimes, mais il eſt du droit de la guerre ;
& ce droit terrible légitime cette barbare
reſſource.

L'argument le plus fort que vous puiſ-
fiez nous oppoſer & ſur lequel je ſerai d'accord avec vous, Monſieur, eſt que la clôture de l'Eſcaut ne vaut pas tous les
maux auxquels nous allons nous expoſer.
C'eſt ce dont je me propoſe de convenir en traitant des raiſons qu'auroit la
France de ne pas nous abandonner, &
qui fera le ſujet de ma prochaine lettre.

J'ai l'honneur d'être, &c.

LETTRE VIII.

MONSIEUR,

DÈs le moment que nous pouvons ſans
injuſtice refuſer l'ouverture de l'Eſcaut,
dès le moment que par l'expoſé du fait
nous ne ſommes plus les aggreſſeurs, que
devient la longue déclamation que vous
mettez

mettez dans la bouche d'un Miniſtre de
Verſailles? Rappellez-vous, Monſieur,
que vous poſez pour baſe de ſes raiſon-
nemens, que tout ce que vous avez expoſé dans vos Annales ſont des vérités
démontrées. Si cette baſe chancele une
fois, que devient ce brillant 'édifice?

Mon deſſein n'eſt pas d'entrer avec
vous dans le parallele trop injurieux à
votre nation, que vous faites de la fidé-
lité de la Maiſon d'Autriche à remplir
ſes engagemens avec l'inconſtance Fran-
çoiſe. Je ne rechercherai point ſi la
guerre de 1741 a été une perfidie de
la part des François ou une ſuite de leur
ſyſtême politique. La Maiſon d'Autriche
leur en avoit ſouvent donné l'exemple
dans le temps de ſa ſplendeur. Les Rois
& leurs Miniſtres ne mettent que trop
ſouvent leurs intérêts ou ce qu'ils appel-
lent intérêts au-deſſus des loix de la juſtice. Ne relevons pas ces crimes des
Rois qui font la ruine des nations, &
puiſqu'une paix heureuſe a réuni ces deux
corps puiſſans dont les anciens chocs ont

E

fi long-temps ébranlé la terre, confidérons-les feulement depuis cette époque fortunée.

Charles - Quint ni François Premier n'ont plus de defcendans. Puiffent-ils avoir emporté avec eux toutes les femences, de leurs divifions ! Le fang d'Autriche mêlé avec celui de Bourgogne vient d'être régénéré par un fang plus glorieux encore, & l'Empire reftauré par Charlemagne eft rentré après tant de fiecles dans les mains de fes defcendans.

A combien de titres les Maifons de Lorraine & de Bourbon ne devroientelles point être unies ? Elles font alliées & par le fang & par la politique. Puiffe cette union durer long-temps pour le bonheur de la terre!

Mais fi nous avons le malheur de la voir rompre, fi leurs chefs, fortant de ce caractere de modération qui leur eft propre, oublioient les liens du fang & combien leurs fujets ont befoin de repos, fi une politique cruelle leur mettoit les armes à la main, voyons qui jufqu'à préfent mériteroit le titre d'aggreffeur. Je ne le donnerai ni à l'un ni à l'autre; je ne veux accufer ni Jofeph II ni Louis, j'expoferai les faits fans acception aucune & ne m'arrêterai qu'à ceux qui font publiquement avoués.

Je conviens avec vous, Monfieur, que la France doit fes fuccès dans la derniere guerre à la neutralité qu'a gardée l'Empereur. Si c'eft une vertu de ne pas être injufte, fans doute la France lui doit beaucoup de ne l'avoir pas attaquée par terre, tandis qu'elle tournoit tous fes efforts à affranchir les mers de l'orgueil du pavillon Britannique. Mais la France ne travailloit-elle pas pour l'Empereur comme pour les autres nations? De quel droit Jofeph II l'eût-il troublée dans cette entreprife? Pouvez-vous lui faire un mérite de ne pas avoir rompu fans raifon le traité de 1756? Ce grand Prince ne doit-il pas s'offenfer d'un pareil éloge? Ce traité d'ailleurs n'avoit-il pas été au moins auffi utile à la Maifon d'Autriche qu'à la France? Ecoutez ce

qu'en a dit un homme éclairé & cher
aux habitans des Pays-Bas : *Si 150 mille*
François, 100 mille Ruſſes, 20 mille Sué-
dois, 30 mille hommes des troupes de l'Empi-
re & 160 mille Autrichiens n'ont pu dompter
la Puiſſance Pruſſienne, que ſeroit devenue
la Maiſon d'Autriche ſi, livrée à elle-même
dans les funeſtes revers qu'avoient éprouvés
ſes armes, ſon ennemi eût pu employer con-
tr'elle toutes ſes forces ? Quel eût été le
ſort de cette auguſte Maiſon ſi, s'accom-
modant à la ſiniſtre politique des Anglois,
elle eût partagé ſes forces pour défendre les
Pays-Bas que 60 mille François euſſent pu
conquérir en marchant ? & qu'en même temps
120 mille Pruſſiens euſſent pénétré dans
le cœur de la Monarchie ? Dans un cas pa-
reil elle eût été renverſée auſſi-tôt qu'attaquée.

En mettant les avantages du traité de
1756 ſous les yeux du Roi de France,
il falloit, Monſieur, expoſer le même
tableau aux regards de l'Empereur &
montrer en même temps ce qu'il pourroit lui en coûter s'il avoit deſſein de le
rompre. Il falloit dire que cette alliance

eft glorieufe & utile à la France fans doute; mais il falloit dire auffi que la France
n'en a encore tiré d'autres fruits que ce
repos dont l'Allemagne ne pouvoit fortir
fans crime. Cette alliance avoit-elle fait
adoucir les conditions funeftes du traité
de Verfailles? Calculez combien cette
neutralité même dans la guerre de 1779
a rapporté de richeffes réelles aux fujets
de Sa Majefté Impériale. Ils furent en
quelque forte pendant trois années les
agens généraux de l'Europe. La franchife
de leur pavillon leur ouvrit des routes
qu'ils ignoroient, ils durent acquérir des
connoiffances qu'ils n'avoient pas encore,
& les François & les Anglois fe battoient
pour le profit des Impériaux. C'eft une
vérité qu'il n'eft pas permis de démentir.
L'Empereur ne chercheroit peut-être
pas à fe créer une marine fi cette expérience de trois années ne l'avoit convaincu
des fruits qu'il pourroit en retirer.

Quelles craintes pouvoit donner à l'Empereur l'entreprife de la France? entreprife où il ne s'agiffoit que du bien géné-

ral, où elle ne vouloit que réparer fa
honte, où fes efforts fur mer lui faifoient
confumer ce qui feroit néceffaire à fes
armées de terre, qui peuvent feules être
redoutables à l'Empire. A - t - on vu la
France abufer de fa victoire? a-t-elle ma-
nifefté une ambition qui pût exciter la
jaloufie de fes voifins? fongeoit-elle à
agrandir fes domaines? les entraves de
Dunkerque étoient-elles du même genre
que celles que vous fuppofez à l'Efcaut?
y a-t-il la moindre comparaifon? S'il y
avoit un point de reffemblance, ce feroit
en ce que les Anglois empêchoient la
France de fe prémunir contre leurs attaques, comme vous prétendez que Sa Majefté Impériale doit faire à l'égard de la
Hollande. Mais autre chofe eft de dire:
Je veux que vous ruiniez vos fortifications
& que vous payiez les efpions que je
veux entretenir pour veiller fur vos dé-
marches: autre chofe de repréfenter que
je veux tenir mon pays fermé & que je
ne veux pas en accorder l'entrée à une
puiffance étrangere.

Mais fuppofons, Monfieur, que Louis
XVI doive en effet la plus grande recon-
noiffance à fon beau-frere pour le fervice
qu'il lui a rendu en ne fe déclarant pas
contre lui. Voyons fi jufqu'à préfent ce
Monarque n'a point fait tout ce qui étoit
en lui pour lui témoigner fa reconnoif-
fance. Examinons fa pofition actuelle &
foyons vrais. Je vous répéte, Monfieur,
que je fuis ici abfolument neutre, que je
fouhaite que la France ne fe mêle pas
de cette affaire, que je crois avec vous
que fi elle donnoit le fignal des combats,
l'univers feroit défolé d'un pole à l'autre;
mais fi elle en vient à ces funeftes extrêmités, difons au moins les raifons qui
pourroient la juftifier.

Il y a un vuide étonnant dans les fi-
nances du Royaume; les Hollandois ont
des capitaux immenfes, & leur alliance
vue de ce côté ne peut qu'être infini-
ment utile à une nation qui a d'ailleurs
toutes les autres reffources. L'argent eft
le nerf de toutes les grandes affaires, &
les fonds qu'Amfterdam a verfés en An-

gleterre ont peut-être été la source des anciens succès de cette nation. En enlevant l'Amérique à la Grande-Brétagne, les François lui ont coupé le bras droit ; ils lui auront coupé le bras gauche s'ils parviennent à s'attacher la ˙ Hollande. L'Empereur n'ignoroit pas que le cabinet de Versailles regardoit la conclusion de ce traité comme le coup le plus habile de sa politique, qu'il témoignoit autant d'ardeur de le voir signé que les Hollandois eux-mêmes ; & c'est dans le moment que les deux Puissances vont échanger leur signature, que la France va solemnellement garantir à la Hollande toutes ses possessions que l'Empereur entame hautement la querelle qui nous occupe aujourd'hui.

Que dut penser la France, je vous le demande, Monsieur, sinon qu'on cherchoit à troubler une alliance dont elle espéroit tant d'avantages ? Je ne vois pas qu'elle eût pu prendre la démarche de l'Empereur dans un autre sens. Qu'a-t-elle fait ? Elle a suspendu l'échange des

fignatures, elle n'a pas voulu précipiter
une démarche qui l'eût rendu partie in-
téreffée dans la caufe, & embraffant un
fyftême que lui dictoit la nobleffe de fes
fentimens, elle a tourné tous fes foins à
calmer les efprits; blâmerez-vous cette
conduite? Sans la modération de Louis XVI
& de fon Miniftre le fang couleroit déja,
& les rigueurs de l'hiver n'auroient point
été un obftacle à la fureur meurtriere du
foldat. Louis a tenu fufpendus les glai-
ves des deux partis; il s'eft jetté au milieu pour les féparer ; il léur a crié :
*Tous deux vous êtes mes amis ; je ne fouf-
frirai pas que vous vous égorgiez pour des
intérêts frivoles ; & vous, mon frere, ne
me mettez pas dans la cruelle néceffité de
défendre le plus foible des attaques du plus
fort.* Ainfi parloit ce même cabinet de
Verfailles que vous prétendez éclairer.

    Les négociations entamées, la France
s'en promet les plus heureux fruits, &
c'eft au milieu de ces négociations que
l'Empereur jette fur l'Efcaut la pomme
de difcorde. Quel pouvoit être le but du

départ de ces Brigantins ? Tranchons le mot; Joseph II ne devoit-il pas craindre que la République & la France ne prif- fent cette démarche pour une intention de les braver ? Elle étoit au moins inutile dans la circonftance. L'Empereur déclare qu'il croyoit que nous ne tire- rions pas. Mais pourquoi s'y expofer ? Et les regards des nations qui nous ob- fervoient avec un fouris malin nous per- mettoient-ils d'agir autrement ?

L'Empereur cependant montre la plus vive indignation; il fe plaint que la ma- jefté de fon pavillon a été léfée; il nous menace de fa vengeance ; fes armées quit- tent les bords du Danube pour venir en- fanglanter les rives de l'Efcaut. Et la France ? Elle continue d'offrir fa média- tion. D'un côté elle preffe , elle follicite Joseph II; de l'autre elle retient la Hol- lande prête à profiter de l'occafion que lui offroit la fituation des Pays-Bas dé- pourvus de défenfeurs. Je ne prétends pas qu'ils euffent pu s'en emparer ; mais avant que les fix régimens Wallons uni-

que reſſource des Pays - Bas euſſent pu
s'oppoſer à nos efforts, nous pouvions
mettre les villes & les campagnes à con-
tribution. Ce ſont les conſeils de la France
qui nous en ont empêchés. Quel eût été
le ſort des Troupes Allemandes en arri-
vant dans un pays ruiné? Quels avantages un pareil coup de main ne nous eût-
il pas procurés? L'eſpoir de la paix, la
confiance que nous avons en l'amitié de
Louis XVI ne nous permirent aucun effort contraire à ſes intentions.

Ne ferions - nous pas dans le cas de
lui dire, s'il ſuivoit vos conſeils : *C'eſt*
vous qui nous avez fait manquer le ſeul
inſtant où nous pouvions nous promettre
quelque ſuccès. Nous avons cru à la paix
ſur votre parole; ſeroit-ce pour nous aban-
donner au plus fort du danger? expoſeriez-
vous votre gloire aux reproches ſanglans
que nous ferions dans le cas de vous faire?
Vous ſeriez-vous entendu avec notre enne-
mi pour nous tromper? Nous frémiſſons de
le penſer. Non, Louis XVI nous doit ſa

protection, & c'est lui faire injure de présu-
mer qu'il nous abandonne.

J'ai l'honneur d'être , &c.

LETTRE IX.

MONSIEUR,

VOus vous êtes introduit dans les cabinets des Rois & leurs Miniſtres ont été vos échos ; permettez-moi à votre exemple de m'adreſſer à eux du fond de ma retraite, & de mettre au pied des Trônes les pleurs & les craintes des peuples.

Vous à qui la France a donné le titre de Bienfaiſant, vous dont la conduite ferme & modérée a retenu juſqu'ici les ſerpens de la diſcorde, conſervez long-temps ce caractere auguſte; il eſt le ſeul digne de vous. Je ſens combien votre poſition eſt critique : l'amitié, les liens du ſang vous attachent à un Prince votre rival dans l'amour que vous portez à vos peuples. Une nation qui a mis tout ſon eſpoir en vous, implore votre protection contre votre beau-frere. Quel parti ſuivrez-vous ? Je frémis des ſuites d'une déclaration formelle. Si je parle en notre faveur, ma priere paroî-tra intéreſſée; ſi je vous conſeille d'écouter la voix du ſang & de nous abandonner, la politique, dirai-je plus, la juſtice réprouve-roient ce vœu que m'arrache l'amour de l'hu-

manité. Si les malheurs de ma patrie pouvoient
affurer le repos du refte du monde, la gloire
de fa chûte en adouciroit l'horreur : mais notre perte ne peut qu'occafionner de nouvelles
fources de divifions. Puiffe le génie de la
paix, puiffe le vertueux Miniftre dont les fa-
lutaires avis ont jufqu'ici illuftré votre regne,
vous garantir de la funefte extrêmité de prononcer entre un beau-frere & un allié ! Quelque jufte que foit notre caufe, l'intérêt de vos
peuples vous défendra fans doute de les armer
en notre faveur; les rivaux de votre gloire &
de votre puiffance n'attendent que l'inftant de
fe montrer fur le théatre du carnage... Mais
eft-ce à moi à vous confeiller ? Vous ne devez prendre avis que de l'humanité & des
hommes éclairés qui vous environnent.

Et vous, puiffant Empereur, qui tenez en
cet inftant dans vos mains le fort de tant de
milliers d'hommes, vous à qui tant d'utiles or-
donnances mériteront peut-être le nom de
fage, craignez de le perdre; fongez qu'un mot
de votre bouche peut faire le bonheur ou le
malheur de l'Europe. Quelle dignité que la
dignité d'un Roi ! il peut faire des heureux.

A tout autre qu'à Jofeph II je repréfenterois
les obftacles qui pourroient nuire à fes projets,
j'expoferois la lifte des forces que la politique
déploiera contre lui; mais je parle au fils de
Marie-Thérefe, au frere de Léopold, & je lui
dis : Prince, l'univers eft à vos pieds & vous
demande la paix. La refuferez-vous ? Sans doute
vous avez raifon de gémir des entraves que
la clôture de l'Efcaut met à l'induftrie de vos
Provinces Belgiques ; fans doute il eft de votre
devoir de chercher à tirer de la fituation de

ce pays tous les avantages qu'elle préfente ; mais s'il les faut payer trop cher, les acheterez-vous au prix du fang ? ruinerez-vous les peres, pour procurer un bien-être incertain à leurs defcendans. Anvers en effet ne fera jamais ce qu'il a été ; s'il acquiert quelque grandeur, ce fera aux dépends d'Oftende. Bruges, Gand, qui valent bien Anvers, ne defirent pas fon affranchiffement ; les Flamands, les Brabançons regardent avec indifférence l'ouverture de l'Efcaut, & tremblent au bruit des préparatifs de guerre. Contentez-vous de ranimer le commerce des Indes, & l'Efcaut s'ouvrira de lui-même. Les Hollandois defireront eux-mêmes que cette ville ferve d'entrepôt aux deux peuples. Quant à vos autres prétentions, ne peut-on les difcuter qu'avec la foudre ? Choififfez des médiateurs, nommez des arbitres, & fi la Hollande refufe de s'y foumettre, écrafez-la alors ; vous ferez cruel, mais votre caufe fera jufte.

Et vous, fages Adminiftrateurs de notre République, & vous à qui les fervices de vos ancêtres ont fait confier le rang augufte dont vos vertus particulieres vous rendent dignes, fufpendez vos funeftes divifions & daignez m'écouter ! L'univers a les yeux fur nous, il ne nous a crus jufqu'ici fenfibles qu'à l'intérêt, on nous fait un crime de nos diffentions, on rit de notre zele patriotique ; montrons-nous plus grands que l'envie, foyons les bienfaiteurs du monde, facrifions à la paix ce qu'un vain point d'honneur nous ordonne de refufer.

Et quel eft ce facrifice que nous pouvons rendre fi glorieux ? quel mal en effet peut-il nous faire? Convenons avec l'Auteur des Confidérations fur l'ouverture de l'Efcaut, que la liberté de ce fleuve nous fera plus utile que préjudiciable, que fans arrêter les vaiffeaux marchands il eft d'autres moyens de mettre en fûreté nos états. Toutes les nations feront garantes du traité que nous concluons avec S. M. I. Jofeph II n'abufera pas de notre facilité, & fes fucceffeurs, s'il en eft de moins juftes que lui, verront toujours les puiffances voifines jaloufes d'arrêter les progrès de leur ambition.

Si ces confidérations ne font pas fuffifantes, jettez un coup-d'œil fur notre fituation : la France ne fe décidera certainement à la guerre que quand elle pourra taxer notre adverfaire d'ambition. Mais s'il perfifte à foutenir que ce n'eft qu'une fatisfaction qu'il exige, la France prendra-t-elle les armes pour anéantir des demandes qui paroiffent en elles-mêmes fi modérées ? & l'Empereur ne s'écartera pas de ces principes ; nous lui avons malheureufement donné un fujet apparent de plaintes. Que ferons-nous feuls contre lui ? Nos places fortes, direz-vous, fuffifent pour arrêter fes premiers efforts & confumer fes forces par des fieges difficiles. Les maladies enleveront plus de Valaques & de Tranfylvains que nos armes n'en détruiront. Cette perfpective peut éblouir un moment ; mais fi par une armée d'obfervation bloquant nos garnifons dans nos fortéreffes devenues inutiles, il pénetre avec des troupes légeres dans le centre de notre pays, que deviendront nos femmes, nos enfans ? Nos milices nouvelles foutiendront-elles la vue de ces Pandours, de ces Croates endurcis à la fatigue, nourris dans le carnage & excités par l'appât du butin ? Ne nous en flattons pas. Voyez nos villages en cendres, nos marais, nos fleuves teints de notre sang, nos digues mal entretenues dans le désordre général céder à la violence des flots, la mer recouvrant sur nous son ancien héritage, & nos trésors nos seuls soutiens devenus sa proie ou celle de l'ennemi. Lisez & choisissez la guerre ou la paix. Pour moi, sujet fidele, je me soumettrai à vos décrets ; je ne tremperai point mes mains dans le sang de mes semblables ; vous l'exigeriez en vain ; mais je ne survivrai pas à la patrie.

Telles sont, Monsieur, les réflexions que m'a dictées l'amour de la vérité. Je n'ai point eu dessein de vous offenser, si j'ai mis quelquefois un peu de vivacité dans mes expressions, pardonnez-les à la franchise d'un homme qui ne sait dire que ce qu'il pense ; il n'en est pas moins un des plus sinceres admirateurs de vos talens.

J'ai l'honneur d'être, &c.

Ces Lettres se trouvent chez tous les Directeurs de Poste de Pays-Bas, & en France chez les Correspondans de MM. Villebon.

www.ingramcontent.com/pod-product-compliance
Lightning Source LLC
Chambersburg PA
CBHW070910280326
41934CB00008B/1661